Lerner SPORTS ROOKIE en español

PASIÓN POR EL FÚTBOL

MEJORES JUGADORAS FEMENINAS DE FÚTBOL

Cara Krenn

ediciones Lerner ◆ Mineàpolis

Dedicado a Kelly y Caroline

La traducción al español fue realizada por Zab Translation.

ediciones Lerner
Una división de Lerner Publishing Group, Inc.
241 First Avenue North
Mineápolis, MN 55401, EE. UU.

Si desea averiguar acerca de niveles de lectura y para obtener más información, favor consultar este título en www.lernerbooks.com.

Fuente del texto del cuerpo principal: Mikado.
Fuente proporcionada por HVD fonts.

Library of Congress Cataloging-in-Publication Data

Names: Krenn, Cara author
Title: Mejores jugadoras femeninas de fútbol / Cara Krenn.
Other titles: Best women's soccer players. Spanish
Description: Mineápolis : Ediciones Lerner, [2026] | Series: Pasión por el fútbol (Lerner sports rookie en español) | Original title: Best women's soccer players. | Includes bibliographical references and index. | Audience: Ages 5–8 | Audience: Grades K–1 | Summary: "She shoots, she scores! Readers discover extraordinary athletes and their remarkable achievements in the world of women's soccer. Now in Spanish!"—Provided by publisher.
Identifiers: LCCN 2025020220 (print) | LCCN 2025020221 (ebook) | ISBN 9798765690352 lib. bdg. | ISBN 9798348028336 paperback | ISBN 9798765692608 epub
Subjects: LCSH: Women soccer player—Biography—Juvenile literature | Soccer players—Biography—Juvenile literature | Soccer—Juvenile literature
Classification: LCC GV942.7.A1 K7518 2026 (print) | LCC GV942.7.A1 (ebook) | DDC 796.334092—dc23/eng/20250724

LC record available at https://lccn.loc.gov/2025020220
LC ebook record available at https://lccn.loc.gov/2025020221

Fabricado en los Estados Unidos de América
1-1012785-54906-5/27/2025

Contenido

Las mejores jugadoras de fútbol de todos los tiempos 4

Glosario 24

Màs información 24

Índice 24

Las mejores jugadoras de fútbol de todos los tiempos

Marta corre por el campo. Patea el balón. ¡Es un gol!

BRASIL
10
10
16

El fútbol es el deporte más popular del mundo. Las mejores deportistas juegan para los equipos profesionales.

También pueden jugar para el equipo de su país. La Copa Mundial es el torneo más importante.

EL FÚTBOL POR DENTRO

La primera Copa Mundial femenina se jugó en el año 1991. Ganó Estados Unidos.

Michelle Akers fue una pionera en el fútbol femenino. Marcó el primer gol del equipo de Estados Unidos de todos los tiempos. Fue la que más goles hizo en la primera Copa Mundial femenina.

10
10

Mia Hamm era famosa por marcar goles. Se unió al equipo de Estados Unidos cuando tenía 15 años. Ayudó a Estados Unidos a ganar dos Copas Mundiales.

Sun Wen jugaba para China. Era muy hábil y marcó muchos goles.

EL FÚTBOL POR DENTRO

Michelle Akers y Sun Wen fueron las dos nombradas Jugadora del Siglo por la FIFA en el año 2000.

Birgit Prinz fue una de las mejores jugadoras de Europa. Le ayudó a Alemania a ganar dos Copas Mundiales.

Birgit Prinz

Abby Wambach le ayudó a Estados Unidos a ganar una Copa Mundial y dos medallas de oro en los Juegos Olímpicos. Es la jugadora que más goles ha marcado para el equipo estadounidense.

Marta fue una de las mejores jugadoras de la historia. ¡Ganó la distinción mundial como Jugadora del Año seis veces! Marcó más goles en Copas Mundiales que ninguna otra jugadora.

EL FÚTBOL POR DENTRO

Marta participó en cuatro Copas del Mundo con Brasil.

Alex Morgan le ayudó a Estados Unidos a ganar dos Copas Mundiales. Fue una de las mejores goleadoras del equipo. Era la capitana de San Diego Wave.

USA
FIFA
FIFA Women's World Cup France 2019™
adidas

El fútbol femenino está creciendo en todo el mundo. ¿Quiénes serán las siguientes grandes jugadoras?

Sam Kerr

Glosario

capitana: una persona elegida para ser líder en su equipo

habilidad: capacidad que se desarrolla con la práctica

pionera: una persona que prepara un camino que otros seguirán

Màs información

Calkhoven, Laurie. *Squad Goals: The Unstoppable Women of the US Women's National Soccer Team*. Nueva York: Simon Spotlight, 2023.

Pettman, Kevin. *Women's Soccer Legends 2025*. London: Welbeck, 2025.

Wagner, Zelda. *Soccer Superstars*. Mineápolis: Lerner Publications, 2025.

Índice

Copa Mundial, 6–8, 10, 14, 16, 18–20

gol, 4, 8, 10, 12, 16, 18

Juegos Olímpicos, 16

premio, 13, 18

Créditos por las fotografías

Créditos de las imágenes: Rico Brouwer/Soccrates/Getty Images, p. 5; Brad Smith/USSF/Getty Images, p. 7; Tom Hauck/Getty Images, p. 9; David Madison/Getty Images, p. 11; Ezra Shaw/Allsport/Getty Images, p. 13; Ben Radford/Getty Images, p. 15; Jamie Squire/Getty Images, p. 17 ; Juan Manuel Serrano Arce/Getty Images, p. 19; Alex Grimm/Getty Images, p. 21; Eddie Keogh/The FA a través de Getty Images, p. 23. Imagen de la portada: Michael Wade/Icon Sportswire a través de AP Images. Elementos de diseño: vid64/Getty Images; boytaro Thongbun/500px/Getty Images.